MARIE CURIE

100 MINUTOS
para entender
MARIE CURIE

astral cultural

Copyright © 2025 Astral Cultural
Todos os direitos reservados à Astral Cultural e protegidos pela Lei 9.610, de 19.2.1998. É proibida a reprodução total ou parcial sem a expressa anuência da editora.

Editora Natália Ortega
Editora de arte Tâmizi Ribeiro
Coordenação editorial Brendha Rodrigues
Preparação de texto Maria Teresa Cruz e Esther Ferreira
Produção editorial Manu Lima e Thaís Taldivo
Ilustração capa Bruna Andrade
Revisão crítica Dara Medeiros
Capa Agência MOV

Dados Internacionais de Catalogação na Publicação (CIP)
Angélica Ilacqua CRB-8/7057

C386

100 minutos para entender Marie Curie / Astral Cultural. — São Paulo, SP : Astral Cultural, 2025.
112 p. (Coleção Saberes)

ISBN 978-65-5566-599-4

1. Químicas - Polônia – Biografia 2. Curie, Marie, 1867- 1934 - Biografia I. Astral Cultural II. Série

24-5480   CDD 925.4

Índices para catálogo sistemático:
1. Químicas - Polônia – Biografia

BAURU
Rua Joaquim Anacleto
Bueno 1-42
Jardim Contorno
CEP: 17047-281
Telefone: (14) 3879-3877

SÃO PAULO
Rua Augusta, 101
Sala 1812, 18° andar
Consolação
CEP: 01305-000
Telefone: (11) 3048-2900

E-mail: contato@astralcultural.com.br

SUMÁRIO

Apresentação 7

Biografia 15

Contexto histórico 63

Legado 97

APRESENTAÇÃO

"Não importa o que se fez,
só importa o que falta fazer."
Marie Curie

Se você já sofreu alguma fratura de ossos e, no hospital, precisou fazer um exame de imagem para realizar um diagnóstico adequado, saiba que esse procedimento só foi possível porque, no final do século XIX, uma mulher chamada Marie Curie se dedicou a desbravar a radioatividade. Foi ela que criou a primeira unidade móvel de radiografia para atender os soldados feridos em combate na Primeira Guerra Mundial, a partir da descoberta dos raios X pelo físico alemão Wilhelm Röntgen.

Marie deixaria sua marca na história da ciência e também seria fatalmente impactada por ela. Estudar as anotações de pesquisa e os diários da cientista é uma atividade delicada até os dias de hoje, uma vez que, para manusear os materiais, é necessário o uso de um equipamento de proteção contra radioatividade. Tudo que Marie tocou ao longo da vida está contaminado por seu objeto primordial de estudo. Mesmo o corpo de Marie Curie foi enterrado envolto por materiais especiais justamente por essa razão.

Apesar de todos os riscos envolvidos, os registros de suas pesquisas são, até hoje, preservados para que seu legado atravesse os séculos e siga influenciando a ciência, dentro e fora do ambiente acadêmico. Mas, afinal, por qual razão a figura de Marie Curie é tão fascinante?

Não é sempre que um cientista ou pesquisador de determinado campo faz contribuições tão grandiosas e públicas ao ponto de lhes render interesse a respeito de sua vida pessoal, quem dirá expor-se a materiais radioativos para isso.

Sua obstinação, inteligência e coragem renderiam a Curie, uma mulher no início do século XX, um inédito Prêmio Nobel e a tornariam a única pessoa a ganhar o Nobel em duas áreas científicas diferentes: Física, em 1903, e Química, em 1911. Para que isso acontecesse, foi necessário que essa mulher agisse de forma transgressora a fim de transformar o mundo em que vivia e marcasse seu nome na história para além da produção intelectual que representou.

Coleção Saberes

Para ser uma "grande personalidade", não basta ter feito uma descoberta relevante. É também preciso ter vivido uma vida capaz de inspirar, ao menos, a curiosidade genuína das pessoas. Esse é o caso de Marie Curie, uma mulher que atuou na vanguarda de todas as experiências nas quais se envolveu.

Marie teve uma infância cercada de afeto e seu pai foi o responsável por dar a ela e às irmãs educação política e científica, mesmo em um contexto em que esse tipo de formação intelectual era voltado aos homens e, às mulheres, restava o cuidado do lar. Desde cedo ela se apaixonou pelas ciências e, apesar das muitas dificuldades, se forjaria como uma revolucionária de seu tempo.

Idealista, porém, com os pés no chão e muito voltada para a ação, Curie não permitiu que os padrões sociais atrapalhassem sua autoconfiança ou compromisso com o trabalho. Ela fez grande parte de sua pesquisa em um pequeno galpão, expondo-se por longos períodos à radiação enquanto estudava e, durante sua vida, foi vista na maior parte do tempo vestindo apenas roupas de laboratório.

Além de ter ganhado prêmios importantíssimos, foi pioneira em muitas categorias de seu trabalho. Mesmo com a vida dedicada à ciência, foi uma mãe presente e inspirou sua filha a também seguir o caminho da pesquisa. Viveu um casamento feliz, interrompido pela morte trágica de seu companheiro de vida, o físico francês Pierre Curie, uma das maiores mentes do seu tempo, ao lado de quem foi enterrada ao fim de sua brilhante existência.

O legado de Marie para a tecnologia e ciência de alto nível é aplicado em um número tão extenso de campos que é uma tarefa difícil elencar.

A radiação que ela pesquisou com tanto afinco é bastante utilizada no nosso cotidiano, em tratamentos de radioterapia, diagnósticos por radiografia, mamografia, tomografia, esterilização de materiais cirúrgicos, conservação de alimentos, datação de objetos na área da arqueologia, geração de energia elétrica em usinas nucleares e até nos meios de comunicação, em ondas de rádio, celulares e radares.

Contar a história de Marie Curie é, ao mesmo tempo, entender como seu trabalho impacta as ciências até os dias de hoje e enaltecer a vida de uma mulher capaz de romper incontáveis barreiras sociais a partir de uma postura ativa. É mergulhar em reflexões profundas sobre questões como patrimônio intelectual, uso ético da ciência e os riscos associados ao trabalho de pesquisa e seus custos pessoais.

O que a motivava era o puro prazer e a beleza da ciência, bem como a enorme satisfação que derivava de tornar o anteriormente desconhecido em conhecido. Foi uma pessoa que cuidou muito bem de suas filhas ao lado de seu companheiro, com quem também dividiu a sede pelo conhecimento científico, e trabalhou incansavelmente em prol do coletivo. A radiação perigosa que impregnou objetos e o próprio corpo de Marie Curie são um lembrete dos custos pessoais do caminho que percorreu. E é por tudo isso que fica fácil compreender a razão pela qual sua história provoca tanto fascínio: ela representou um ponto de virada nos campos onde atuou.

"

1

BIOGRAFIA

> "Durante toda a minha vida,
> as novas descobertas sobre a
> natureza me alegraram como
> a uma criança."
>
> **Marie Curie**

O dia 7 de novembro de 1867 foi feliz na casa de Władysław e Bronisława, em Varsóvia, pois nascia a caçula de seus cinco filhos: um bebê de nome Maria Salomea Skłodowska. Anos mais tarde ela adotaria o nome Marie Curie, pelo qual ficaria eternizada. Na vida familiar, no entanto, era chamada ainda por outro nome: Manya. Os irmãos de Marie, na ordem de nascimento, eram Zofia, Józef, Bronisława e Helena.

Władysław Skłodowski, pai de Marie, era professor de matemática e físico, além de poliglota. Ele era um sujeito extraordinário que, enquanto lecionava no campo das exatas, era entusiasmado com literatura e capaz de traduzir para o polonês (sua língua de origem) livros em russo, alemão, francês, grego e latim.

Também dispunha de alguns itens laboratoriais para experiências mais simples, que havia levado para casa após a proibição do seu uso em instituições de ensino. Muitos dos volumes que traduziria para o polonês ao longo de sua vida foram produzidos para educar as crianças.

Bronisława, mãe de Marie, também era extremamente culta. Além de ser diretora de uma escola em Varsóvia, também era uma excelente pianista. O compromisso que ela e seu marido firmaram com a educação não se limitava aos próprios filhos ou mesmo ao trabalho que exerciam, mas tratava-se também de um ato de resistência política.

Naquela época, a Polônia havia perdido sua soberania e estava sob domínio do Império Russo, que havia promovido uma espécie de "russificação" de toda a região, impondo sua língua, suprimindo a cultura polonesa e, também, restringindo qualquer tipo de autonomia local. O Império legislava sobre tudo, inclusive a respeito do que as escolas, assim como as faculdades, poderiam ou não ensinar, o que resultou, por exemplo, na proibição do ensino da História da Polônia.

O país era alvo de uma longa série de dominações por outros povos e estava sob a força do czar Alexandre III, um líder com mão de ferro. Władysław detestava o domínio estrangeiro em seu país. Ele era um sujeito afeito a ideais revolucionários, e ensinava clandestinamente a sua língua e a história de seu povo.

Na casa dos Skłodowski ensinava-se poesia, história, literatura, ciências exatas e naturais (com direito a experiências laboratoriais para todos os filhos). Sua afiliação a um grupo nacionalista, inclusive, resultaria em sua demissão do trabalho como professor.

Tragédia familiar, estudos e primeiro relacionamento

A dispensa de Władysław foi o primeiro de muitos infortúnios que interrompeu a tranquilidade dos dez anos iniciais da vida de Marie. Sua mãe contraiu tuberculose, doença que levaria sua vida cerca de dois anos depois.

Suas irmãs Bronisława (Bronya) e Zofia logo seriam acometidas pelo tifo, sendo que Zofia jamais se recuperaria, vindo a óbito em 1876. Os custos médicos acabaram com as economias da família, que logo teria de viver apenas com a aposentadoria do já envelhecido pai. O apartamento em que viviam foi convertido em uma pensão para ajudar com as contas.

Marie, assim como seus irmãos, foi estimulada e ensinada por seus pais a ser curiosa e a amar o conhecimento, mas se destacava entre eles em sua capacidade de entendimento, memória e atributos de inteligência em geral. Mesmo durante o período de tragédia familiar e dificuldade financeira, destacou-se como estudante, e por isso assistiu às aulas junto com crianças dois anos à frente das que tinham a sua idade.

Além disso, em 1883, quando tinha apenas quinze anos, foi premiada com uma medalha de ouro por seus méritos acadêmicos ao terminar o curso secundário, mas declinou a honraria porque teria de receber a homenagem das mãos de autoridades russas.

Diferente do seu irmão Józef, que foi estudar medicina, Marie e sua irmã não teriam como continuar seus estudos por serem mulheres, proibidas de ingressar em faculdades polonesas.

Marie não aceitou aquela realidade como destino e se uniu às suas colegas e à sua irmã Bronya para frequentar secretamente a chamada Universidade Itinerante durante as noites. Tratava-se de uma espécie de centro de estudos clandestino, que mudava frequentemente de local para evitar qualquer tipo de vigilância do governo russo. Ainda assim, era evidente para Marie que, se quisesse continuar sua carreira, precisaria dar um jeito de conseguir estudar fora do país.

Foi então que Marie e Bronya elaboraram o seguinte plano: Marie trabalharia para custear a faculdade de medicina de Bronya, que iria estudar em Paris. Uma vez formada, a irmã pagaria pelos estudos de Marie. Bronya concordou e Marie mudou-se para Szczuki, uma fazenda de beterrabas a cerca de cem quilômetros de Varsóvia, onde exerceria o ofício de governanta e professora das filhas da família Żorawski, antigos conhecidos dos pais de Marie.

A exemplo do pai, passaria a dar aulas clandestinamente para camponeses locais, fundando uma espécie de escola ilegal para alfabetizar crianças e adultos.

Durante três anos, trabalhou arduamente em suas funções e seguiu estudando, de forma autodidata. Seria também o tempo de seu primeiro relacionamento afetivo com Kazimierz Żorawski, filho mais velho da família para a qual trabalhava, quando ele foi passar as férias de verão. Ele cursava Matemática na Universidade de Varsóvia, e a paixão entre eles foi intensa, levando-os a cogitar um casamento.

Entretanto, os pais dele não aprovaram a união do casal, porque Marie não tinha um dote, o que a tornava inadequada para se unir a uma família da baixa nobreza e com propriedades, como era o caso dos Żorawskis. Com a negativa da família, Kazimierz seguiria uma vida acadêmica importante e um dia se tornaria reitor da Universidade de Varsóvia.

Quando sua irmã, Bronya, terminou os estudos, não se esqueceu do antigo combinado com Marie: retornou a Varsóvia para lecionar e juntar o dinheiro necessário para levar a irmã caçula a Paris. Esse sonho se realizaria no ano de 1891, quando, aos 24 anos, Marie pegou o trem para a França, onde moraria com a irmã e o cunhado, o médico Kazimierz Dłuski.

A vida em Paris

Embora seu diploma polonês não fosse diretamente aceito em Paris, ela fez cursos preparatórios e passou por um exame de admissão na Universidade de Paris (Sorbonne), matriculando-se na Faculdade de Ciências da instituição, onde passou a compor o seleto grupo de 23 mulheres entre os mais de 1.800 alunos, em sua maioria de origem estrangeira. Paris vivia o auge da Belle Époque, um período de vasta prosperidade econômica, avanços culturais e científicos, e estabilidade política, que se encerraria em 1914 com a Primeira Guerra Mundial.

A capital europeia ficou conhecida como o berço da liberdade e do conhecimento, onde jovens artistas, cientistas e intelectuais se juntavam aos montes, desenhando uma cena cultural efervescente. Marie estudava e trabalhava o dia inteiro, retornando apenas muito tarde para a casa de Bronya e Dłuski, ambos médicos habilidosos com os quais conservaria uma relação de imenso afeto por toda a vida. Foi só a partir desse ponto que passaria a ser tratada por "Marie", no lugar de "Maria" ou "Manya".

Após o primeiro ano, conseguiu alugar um pequeníssimo quarto no Quartier Latin, o primeiro de muitos lugares desconfortáveis que habitaria durante seus tempos de formação. Durante essa época, viveu uma vida austera e de muitos sacrifícios financeiros, mergulhada no trabalho e no estudo, já que, além da formação universitária, ainda precisou melhorar sua leitura em francês e compensar o desfalque dos anos que passou trabalhando no campo. Foi uma tarefa difícil, mas longe de ser impossível para alguém tão inteligente e obstinada como ela.

Em 1893, quando fez seu primeiro exame, ficou em primeiro lugar, conquistando um diploma em Física. No ano seguinte, faria outra prova, desta vez em Matemática, na qual ficaria na segunda colocação, garantindo sua licenciatura.

Assim como durante os anos em que viveu no campo, Marie sempre conservou uma veia revolucionária, mas foi em Paris que se envolveu com a intelectualidade do país. Passou a frequentar grupos de poloneses exilados e adotou ideais socialistas. Ela tinha recebido uma educação essencialmente laica e progressista de seus pais. Tendo pouco compromisso com a religiosidade no lar, e sendo ateia desde muito nova, Marie se integrou rapidamente à vida parisiense.

A formação científica renderia à jovem Marie, além de graduações e todas as descobertas que faria ao longo da sua trajetória profissional, o caminho para encontrar seu grande amor e companheiro de vida.

No ano de 1894, Marie aceitou um trabalho em uma entidade voltada para o desenvolvimento da indústria francesa, no qual teria a função de pesquisar as propriedades magnéticas do aço.

Para realizar a pesquisa, ela precisava encontrar um laboratório — assim, chegou ao laboratório da Escola Municipal de Física e Química Industrial de Paris, chefiada por Pierre Curie, físico e professor da Universidade de Paris.

Pierre Curie

Pioneiro no estudo da cristalografia, magnetismo, piezoeletricidade e, posteriormente, radioatividade, Pierre Curie nasceu em Paris, em 15 de maio de 1859, filho do médico Eugène Curie e de Sophie-Claire, filha de um rico industrial. A formação de Pierre era parecida com a de Marie, uma vez que era bacharel em Ciências e Mestre em Física pela Universidade de Sorbonne.

Devido a restrições financeiras, Pierre adiou seus planos de prosseguir os estudos para o doutorado, optando por trabalhar como instrutor no laboratório do renomado professor Paul Schutzenberger, juntamente com seu irmão Jacques. Os irmãos se dedicaram, então, à pesquisa das propriedades dos materiais elétricos que marcaria o início de suas carreiras.

Em 1880, descobriram e elaboraram o princípio da piezoeletricidade, responsável por demonstrar a capacidade de certos cristais em gerar um potencial elétrico — fenômeno que hoje é aplicado em tecnologias de som, como microfones.

No ano seguinte, essa pesquisa revelou o fenômeno inverso: ao aplicar um campo elétrico aos cristais, estes podiam se deformar. Essas descobertas iniciais impulsionaram cedo os irmãos Curie como figuras proeminentes no campo da eletricidade experimental.

Quando Pierre conseguiu iniciar seu doutorado, concentrou seus estudos nas propriedades do magnetismo, e sua pesquisa culminou em outra importante descoberta, agora conhecida como a "Lei de Curie".

O laboratório foi o palco para o encontro entre Pierre e Marie, protagonistas de um casamento fundamental para a história da humanidade. Pierre era oito anos mais velho e não encontrava uma parceria intelectual desde a perda de sua companheira, quinze anos antes. Entretanto, ao desenvolver uma grande amizade com a brilhante Marie, não tardou muito para que ele a pedisse em namoro e a convidasse para dividirem o mesmo teto.

Em julho de 1895, o casal selaria o matrimônio em uma cerimônia civil, usando roupas de trabalho. Viveram uma longa lua de mel no interior, período de descanso e passeios de bicicleta, que deram origem a alguns dos registros fotográficos mais interessantes que existem dos dois.

Em outubro de 1895, se instalaram em um pequeno apartamento em Paris e retomaram suas pesquisas. Dois anos mais tarde, eles teriam a primeira das duas filhas, Irène, que seguiu os passos dos pais na ciência. Ève nasceria em 1904 e seguiria outro rumo: o das artes e das letras.

Entre mamadeiras, guerras e radioatividade

No final do século XIX, dois eventos científicos relevantes estavam prestes a acontecer e mudariam a vida de Marie. O primeiro ocorreu em 1895: o físico alemão Wilhelm Röntgen descobriu um revolucionário uso de uma nova energia capaz de registrar imagens, batizado de raio X. A tecnologia, até os dias atuais, é utilizada para alguns diagnósticos, como a identificação de fraturas ósseas, e rendeu ao cientista o Nobel de Física.

O segundo evento aconteceu no ano seguinte, quando um químico francês de nome Henri Becquerel descobriu um fenômeno novo, que, no futuro, seria denominado radioatividade (ou radiação). Além dos dois eventos se relacionarem e serem relevantes em si, essas duas descobertas seriam o ponto de partida para as pesquisas mais importantes de Marie.

O primeiro desafio era encontrar uma maneira de medir a força desses raios que Henri havia descoberto ao trabalhar com urânio. A tarefa não seria difícil, já que Pierre e seu irmão dispunham de um "eletrômetro", aparelho criado por eles capaz de medir as mais sutis correntes elétricas.

Dessa forma, Marie iniciou a pesquisa que imprimiria seu nome na história da humanidade. Seu trabalho acontecia em um velho e desconfortável galpão, que até então estava abandonado, nos fundos da Escola de Física e Química Industriais.

Ela testou muitos materiais, como a emissão de partículas tório, e descobriu uma emissão similar àquela produzida, por exemplo, pelo urânio. Como seria necessário um termo para descrever esse fenômeno, ela batizou-o de "radioatividade".

Marie passou a buscar outros tipos de radiação e estudar esse fenômeno com profundidade, testando todos os tipos possíveis de minérios ao seu alcance e suas propriedades. Após todas essas testagens encontrou na *pechblenda*, também conhecido como uraninita, mineral do qual se extrai o urânio, um comportamento que indicava a existência de outro elemento com emissões consideravelmente superiores àquelas já registradas. Essa pista de um potencial novo elemento químico empolgou Marie.

Mesmo tendo acabado de ter sua primeira filha, tanto Pierre quanto Marie passaram a se dedicar à pesquisa iniciada pela cientista, levando inclusive a pequena Irène para o laboratório para os acompanhar no trabalho.

Nesse período, Marie conseguiu separar uma pequena porção de um novo metal que ela nomearia "polônio", em homenagem ao seu país de origem. Tratava-se da descoberta de um novo elemento que integraria a tabela periódica. Outra constatação revolucionária feita por Marie por volta dessa época foi a de que a radiação só poderia estar sendo gerada de dentro do átomo, transformando profundamente o estudo da atomística.

Contudo, algo inusitado apareceu nos relatórios da pesquisa. Tudo indicava que haveria ainda mais um novo elemento ali, mas em quantidade infinitamente menor e consideravelmente mais radioativa que o polônio e o urânio.

Após conversar com Pierre e seus pares, Marie decide se aprofundar no estudo desse potencial novo elemento, mas, para isso, seria necessário isolar uma quantidade significativa dele. Começava aí o processo mais demorado e árduo de sua pesquisa, que era o do refinamento do minério *pechblenda*, uma variedade impura da uraninita.

Para resolver o problema do abastecimento de *pechblenda*, ela e Pierre foram atrás de uma mina que ficava na Boêmia, região que hoje faz parte da República Tcheca. A negociação foi tranquila, já que o que interessava aos pesquisadores era justamente as impurezas geradas após a extração do urânio. Os mineradores ficaram, então, com o urânio e os Curie, com o refugo. Dessa forma, eles conseguiram levar uma quantidade imensa de material que, ao final de diversos processos físicos e químicos, extremamente árduos e demorados, produziria uma pequena quantidade — cerca de um décimo de grama — de pó de rádio.

Em 1902, após concluída a pesagem atômica, foi reconhecido que ela havia descoberto mais um novo elemento químico, o "rádio", cerca de 1 milhão de vezes mais radioativo do que o urânio. Marie optou por não patentear essas descobertas por considerá-las patrimônio da humanidade. Se não tivesse feito isso, teria ficado muito rica ao mesmo tempo em que atrasaria o avanço da ciência e da medicina no mundo.

Ao concluir essa etapa de suas pesquisas, organizou todos os resultados em uma minuciosa tese de doutorado com grande distinção, fazendo dela a primeira mulher a conquistar um diploma avançado na França, em 1903. Antes de terminar o ano, Marie, Pierre e Becquerel receberiam o mais importante prêmio científico de seu tempo, na categoria "Física": o Prêmio Nobel.

Ainda que estivessem felizes em receber o prêmio, nem Marie e nem Pierre puderam viajar à Suécia para receber a premiação por questões de saúde. Enquanto Pierre sofria de inflamações crônicas e excruciantes nas juntas, que o deixavam debilitado, Marie estava permanentemente exausta, tendo perdido 7kg e adquirido feridas nas pontas dos seus dedos em razão do manuseio constante de material radioativo.

Eles ainda não sabiam, mas esses eram sintomas de envenenamento por radiação, resultado direto de suas pesquisas com urânio, polônio, tório e, especialmente, rádio.

Mesmo ausentes da premiação do Nobel, a fama não demorou para chegar no lar dos Curie e o casal passou a ser reverenciado pelos desdobramentos diretos das suas pesquisas. Curiosamente, eles se sentiam incomodados com esse status de celebridade e queriam manter uma vida simples. A prova disso é que não faziam patentes de suas descobertas, sustentando-se apenas com os salários que recebiam como pesquisadores.

A vida sem Pierre e novas conquistas

Em 1903, Marie Curie defendeu sua tese de doutorado, que os examinadores consideraram a maior contribuição científica já registrada até aquele momento.

No mesmo ano, ela e Pierre foram convidados para uma homenagem na Royal Institution, em Londres. Contudo, a tradição impedia que mulheres palestrassem, então Pierre foi o responsável pelo discurso. Ali, começaram os sinais de que a saúde de Pierre estava se deteriorando; ele teve dificuldades em sua apresentação e suas mãos tremiam a ponto de derramar um pouco de rádio enquanto buscava demonstrar a luminescência do elemento.

No ano seguinte, Marie estava com 37 anos e se preparava para o nascimento da filha mais nova. O casal vivia certa estabilidade financeira em comparação com os anos anteriores e a chegada de Éve trouxe um novo ânimo para o lar.

Neste mesmo ano, Pierre foi nomeado como professor titular de física geral em Sorbonne e assumiu a chefia de um laboratório, enquanto Marie começou a lecionar na École Normale Supérieure de Sèvres, em uma cidade próxima a Versalhes. A instituição era voltada para a formação de mulheres que pretendiam se tornar professoras de ciências.

O período de bonança da família Curie foi, abruptamente, interrompido por uma tragédia: Pierre morreu em um acidente em Paris, em 19 de abril de 1906, aos 46 anos. Ele perdeu o equilíbrio enquanto atravessava a rua durante um dia chuvoso e caiu sob as rodas de um veículo puxado por cavalos, sofrendo uma fratura fatal no crânio. Esse foi um duro golpe na vida de Marie, que perdera não apenas seu parceiro de vida, pai de suas filhas, mas também seu parceiro intelectual e companheiro de pesquisas.

A Sorbonne ofereceu a Marie a antiga cadeira de seu marido e ela aceitou, continuando as aulas exatamente de onde ele havia parado, e herdou a chefia do laboratório. Além disso, iniciou o primeiro curso sobre radiação, tornando-se a primeira professora mulher a dar aulas na prestigiosa Sorbonne, quebrando um paradigma que durava seiscentos anos.

Pouco após a morte de Pierre, um artigo na primeira página da revista *London Times* interrompeu o luto de Marie. De autoria do físico William Thomson, o texto dizia que o rádio não era um elemento, mas um composto de chumbo com cinco átomos de hélio. Essa afirmação poderia ameaçar a teoria da radioatividade, então Marie retornou às suas pesquisas no laboratório para refutar a colocação de Thomson e provar a veracidade de sua teoria. A partir desse ponto, mergulhou no trabalho e iniciou um novo projeto: a criação de uma escola de radioatividade. Um local equipado e dedicado a aprofundar o conhecimento que já existia sobre o assunto. Também reuniu o vasto trabalho de Pierre em dois volumes, que virariam referência para os estudos.

Foi também nesta época que desenvolveu uma de suas maiores contribuições para a humanidade: uma forma de medir a pureza dos preparados de rádio, crucial para o tratamento de cânceres.

Em 1910, publicou seu livro *Tratado sobre a radioatividade* e seu nome passaria a ser uma unidade internacional: "um Curie é a quantidade de substância radioativa que decai a uma taxa de 3.7 x 1010 desintegrações por segundo.".

Acompanhada por sua irmã, Bronya, Marie Curie recebeu, em 1911, mais um Prêmio Nobel, dessa vez na categoria de "Química". Ela foi a primeira pessoa a realizar esse feito, além de ser a única cientista a receber a almejada honraria internacional em dois campos diferentes do conhecimento.

Ainda neste ano, na rua Pierre Curie (recém-nomeada em homenagem ao falecido cientista), e em parceria com o Instituto Pasteur de Pesquisas Médicas, ela iniciou o projeto do Instituto do Rádio, que foi construído entre 1911 e 1914. O Institut du radium de Paris era composto por dois laboratórios: um era o Pavilhão Curie, dedicado à Física e Química, dirigido por ela mesma, e o outro era o Laboratório Pasteur, voltado ao desenvolvimento da Radioterapia.

O Instituto foi inaugurado às vésperas de um dos eventos mais complexos e dramáticos da história: a Primeira Guerra Mundial.

Marie, que morava na França, sentiria logo os efeitos desse conflito, quando, em 1914, tropas alemãs se dirigiram a Paris. Ela reuniu todo o seu estoque de rádio, colocou-o em um contêiner revestido de chumbo e transportou-o de trem para Bordeaux, que ficava a seiscentos quilômetros de distância, armazenando-o em um cofre de banco. Em seguida, decidiu participar da luta, redirecionando suas habilidades científicas para o esforço de guerra. Suas contribuições, vale destacar, não seriam armas de destruição em massa, mas equipamentos médicos.

No início da guerra, as máquinas de raios X estavam apenas em hospitais das cidades, longe de onde as tropas feridas eram tratadas. A solução de Marie foi criar o primeiro "carro radiológico" — um veículo com uma máquina de raios X e equipamento de câmara escura capaz de ir até o campo de batalha para ajudar os médicos do Exército. Para contornar a questão da energia elétrica necessária, ela incorporou um dínamo ao carro, que geraria a carga que o equipamento demandava.

Como o financiamento do Exército francês estava atrasado, Marie procurou a União das Mulheres da França, que deu o dinheiro que ela precisava para produzir o primeiro protótipo. Esse veículo foi posto à prova na Batalha do Marne, um confronto decisivo no início da guerra, quando os Aliados (França e Grã-Bretanha) saíram vitoriosos e conseguiram deter o avanço da Alemanha, impedindo a tomada de Paris pelas tropas alemãs.

Os carros radiológicos passaram a ser cada vez mais demandados e Marie precisava de cada vez mais estrutura. Então, decidiu ir até as mulheres ricas de Paris e as convenceu a doarem seus veículos pela causa. Logo que conseguiu vinte "pequenos Curie", como ficariam apelidados, recrutou mais vinte mulheres para o primeiro curso de treinamento para manusear os equipamentos, que ela ministrou junto com sua filha Irène

Ao menos 150 mulheres foram treinadas em física da eletricidade e dos raios X, além de lições práticas de anatomia e processamento fotográfico. Ela própria tinha seu "pequeno Curie". Além disso, Marie supervisionou a construção de duzentas salas radiológicas em hospitais de campanha. Esse grupo de mulheres, liderado por ela, sofreria com os efeitos negativos do uso de raios X, assunto sobre o qual Marie escreveria anos após sua experiência de envenenamento.

Quando a Primeira Guerra Mundial acabou, ela continuou a ensinar técnicas de raios X por dois anos, antes de retomar seus trabalhos de pesquisa. Após esses eventos Marie e sua filha Irène, que tinha ficado responsável pela área de radiologia de um hospital durante o conflito, se tornaram inseparáveis. Ela seguiu os passos da mãe e virou sua assistente.

Embora agora pudessem iniciar os trabalhos no Instituto do Rádio, os anos de guerra tiveram resultados desastrosos na economia de uma França que precisava ser reconstruída. Isso era um grande entrave, uma vez que o preço do rádio havia aumentado significativamente e ela mesma já havia disponibilizado seu estoque.

A ajuda necessária viria de uma conexão inusitada: Marie Meloney (conhecida também como Missy Meloney), editora-chefe da revista *The Delineator*, que conduziu uma entrevista com Marie em meados de 1920.

Na conversa, a jornalista perguntou: "Se você pudesse realizar um desejo, qual seria?". Sem titubear, a cientista respondeu: "Preciso de um grama de rádio para continuar minha pesquisa, mas não posso comprá-lo. O rádio é muito caro para mim". Meloney lançou, então, o Marie Curie Radium Fund, nos Estados Unidos, e conseguiu arrecadar cerca de 100 mil dólares em menos de um ano, com o apoio massivo das mulheres estadunidenses. Corrigindo para os valores atuais, seria o equivalente a uma quantia de aproximadamente 2,3 milhões de dólares.

Em maio de 1921, Curie e suas duas filhas atravessaram o Atlântico para uma turnê nos EUA e para agradecer aos doadores estadunidenses. Marie Curie visitou as universidades mais famosas do país: Harvard, Yale e Columbia, ministrando conferências, recebendo doutorados honorários — distinção acadêmica concedida por uma instituição a um indivíduo em reconhecimento por suas contribuições excepcionais para alguma área específica —, e visitando laboratórios de pesquisa.

Nas suas palestras, não se ateve apenas a assuntos científicos e passou a discutir também a moralidade humana, bem como os rumos que o mundo vinha tomando no pós-guerra. Em suas palavras: "A nossa sociedade, onde reina um desejo amargo de luxo e riqueza, não entende o valor da Ciência. A nossa sociedade não percebe que a Ciência faz parte de seu patrimônio moral mais precioso.".

Em seguida, visitou a Casa Branca, onde o presidente americano Warren Harding presenteou-a com um grama de rádio. Embora essa viagem tenha sido animadora e, em certa medida, resolvido suas necessidades financeiras mais imediatas, foi altamente custosa para o corpo de Marie, que estava doente e não conseguiu cumprir toda a agenda planejada. Voltou mais cedo, munida também da fama e interesse necessários para continuar suas pesquisas com rádio.

Nos anos seguintes, se apoiaria bastante na filha Irène para seguir seu trabalho. Em 1926, Marie Curie veio ao Brasil para uma convenção em Belo Horizonte e doou agulhas de rádio, usadas em tratamento de câncer, além de ter visitado o Instituto de Radium de Belo Horizonte e as cidades de São Paulo, Rio de Janeiro e Lindoia, no interior paulista, onde constatou a existência de radiação em parte das águas.

Neste mesmo ano, Irène se casou com um dos assistentes de Marie, um jovem cientista renomado de nome Frederic Joliot. A irmã mais velha de Marie, Bronya, foi nomeada diretora de um Instituto Polonês de Rádio em Varsóvia, fundado por sua irmã caçula. Ève, filha mais nova de Marie, na contramão do resto da família, não era cientista. Ela era dramaturga e crítica literária, que seria responsável pela primeira biografia sobre a mãe, "Madame Curie", lançada em 1937.

Em 1929, Marie Curie voltaria aos Estados Unidos, a convite da Casa Branca, para buscar financiamento para o Instituto do Rádio, em Varsóvia.

Na ocasião, Marie se encontrou com o presidente norte-americano Herbert Hoover, quando mais uma vez recebeu apoio significativo para sua pesquisa.

Em 4 de julho de 1934, Marie Curie morreu, aos 66 anos, em um sanatório em Sansellemoz, perto de Passy, na França, onde passava por tratamento médico por conta da anemia aplástica, caracterizada pela deficiência de produção de células sanguíneas. No caso dela, a doença foi agravada pela exposição prolongada à radiação durante seus trabalhos científicos. Marie foi enterrada ao lado de seu marido, Pierre.

O talento das Curie

Desde a infância, a primeira filha do casal, Irène, já mostrava aptidão para as ciências exatas. Marie, notando suas habilidades, decidiu que ela precisaria de um estímulo intelectual maior, portanto, quando Irène tinha cerca de onze anos, sua mãe se juntou a outros cientistas franceses para criar uma "cooperativa de ensino".

A cooperativa tinha como objetivo oferecer uma educação de excelência aos filhos dos acadêmicos participantes. Nessa "escola", os pesquisadores ministravam aulas para os filhos uns dos outros, em suas respectivas casas. Diante de um currículo variado, as crianças aprenderiam além de ciência, escultura, literatura e até mesmo outros idiomas, como o chinês.

Em meio a esse ambiente, floresceu a intelectualidade e determinação de Irène. Ela seguiu o caminho de seus pais nos estudos sobre radioatividade e ingressou no bacharelado em física pela Universidade de Paris, mas seus estudos foram interrompidos pela Primeira Guerra Mundial. Nesse período, Marie, que foi não apenas sua mãe, mas também mentora, colocou-a para trabalhar junto a ela nos hospitais móveis do conflito. A partir desse episódio, a parceria entre as duas seguiu até os anos finais da vida de Marie.

Com o término da guerra, Irène concluiu o doutorado pela mesma universidade e apresentou sua tese sobre o decaimento dos raios alfa dos átomos de polônio, elemento químico que foi descoberto por Marie. No fim de seu doutorado, em 1924, Irène foi convidada a ensinar as suas técnicas de pesquisa para Fréderic Joliot, que posteriormente viria a ser seu marido.

Aproximadamente dez anos depois, Irène e Fréderic, já casados, fizeram a descoberta que lhes alçaram a outro patamar na história da física.

Tomando como base a pesquisa de Marie e Pierre, que demonstrava a existência da radioatividade natural, eles conseguiram chegar à radioatividade artificial, na qual um elemento é transformado em outro.

Esse experimento rendeu ao casal um Nobel de química em 1935 — um ano após a morte de Marie que, infelizmente, não viveu o suficiente para prestigiar a conquista de Irène e do genro. A radioatividade, que por um lado deu prestígio a toda família Curie, também vitimaria Irène e Joliot, vinte anos mais tarde.

Ève — a filha caçula de Marie e Pierre —, por sua vez, traçou seu caminho na área das ciências humanas, tendo um futuro igualmente promissor. Apesar de ter recebido a mesma educação de Irène na cooperativa, se encantou pela escrita e pela música desde muito cedo. Foi escritora, jornalista, pianista e ativista pelos direitos humanos. Engajada politicamente, Ève teve forte participação na causa "França Livre" após a ocupação nazista da França em 1940. Na Segunda Guerra Mundial, se tornou correspondente de guerra e cobriu frentes de batalha na África e Ásia.

Entre seus trabalhos notáveis estão o livro *Jornada Entre Guerreiros*, em que narra as experiências que viveu durante a guerra, e a premiada obra *Madame Curie*, uma biografia sobre sua mãe. No início da década de 1950, tornou-se consultora especial da secretaria-geral da Organização do Tratado do Atlântico Norte (Otan). Quatro anos depois, casou-se com Henry Richardson Labouisse, o diretor-executivo do Fundo das Nações Unidas para a Infância (UNICEF).

Assim como Henry, Ève também trabalhava para a organização. Entre a metade da década de 1960 — quando Labouisse tornou-se diretor —, e o fim da década de 1970, o casal visitou mais de cem países nos quais o UNICEF atua.

Em 1965, os dois trouxeram mais um Nobel para a família Curie: Labouisse, junto a Ève, recebeu o Prêmio Nobel da Paz atribuído ao trabalho de sua organização. A caçula teve uma vida longeva; faleceu em 2007, em Nova York, aos 102 anos de idade.

Marie nos tabloides franceses

Cerca de cinco anos após a morte de Pierre, a imprensa noticiou que Marie estaria em um relacionamento com o físico Paul Langevin. Ex-aluno de Pierre e um dos pesquisadores participantes da cooperativa de ensino pensada por Marie, Langevin era casado, embora estivesse no processo de separação, além de ser cinco anos mais jovem que a cientista.

Sua então esposa, Jeanne Desfosses, decidiu contratar um detetive particular para investigar o suposto envolvimento com Marie e acabou encontrando diversas cartas íntimas trocadas entre os dois. As cartas foram expostas nos jornais poucos dias antes de Marie receber seu segundo prêmio Nobel, e a cientista foi duramente criticada, tendo inclusive sofrido xenofobia e antissemitismo (muito por conta do momento político, afinal, não era judia). Ela foi retratada como uma mulher sedutora e destruidora de lares, que afastou Paul de Jeanne e seus filhos.

No dia em que o escândalo dominou as capas dos tabloides, Marie estava voltando à França após comparecer a um evento em Bruxelas, mas acabou sendo hostilizada por uma multidão de pessoas que queriam impedi-la de retornar ao país. A polêmica tomou proporções tão grandes que Marie e suas filhas precisaram se refugiar na casa de Camille Marbo, escritora e grande amiga da cientista.

O ocorrido deu origem a uma carta que Marie recebeu de um sujeito muito conhecido, o físico alemão Albert Einstein. Ele estava presente na conferência em Bruxelas e, quando soube dos ataques a Marie, escreveu uma carta a aconselhando a ignorar as "bobagens" noticiadas pela mídia francesa e mostrando sua admiração ao trabalho dela. E assim fez: Marie compareceu à cerimônia para receber o prêmio Nobel mesmo após ser desencorajada pelo comitê da premiação, que sugeriu que ela não fosse ao evento por conta da polêmica.

Embora a relação entre Marie e Paul não tenha sido duradoura, o destino lhes deu um bisneto, anos após a morte dos dois. Curiosamente, a filha de Irène, Hèlene Joliot, casou-se com Michel Langevin, neto de Paul e Jeanne. Juntos, tiveram o astrofísico Yves Langevin — que, por sua vez, marcou a união das duas árvores genealógicas sendo bisneto tanto de Marie quanto de Paul.

2

CONTEXTO HISTÓRICO

> "Nada na vida deve ser temido,
> somente compreendido.
> Agora é hora de compreender
> mais para temer menos."
>
> **Marie Curie**

Marie Curie foi uma das figuras mais importantes da história, seja por seu pioneirismo como mulher cientista, sua genialidade como pesquisadora ou mesmo a ética com a qual conduzia toda a sua produção intelectual.

Sempre conectada à realidade, suas ideias e ações partem de um conjunto de referências históricas, geográficas, culturais, ideológicas e sociais. Mas, afinal, quais os eventos que marcaram sua vida? Em que ponto da história estavam a ciência e a filosofia durante sua existência? Para responder essas perguntas, é necessário voltar nossos olhos para o contexto histórico em que Marie viveu e, dessa forma, compreendermos a construção intelectual na qual foi forjada.

A Belle Époque

Quando Marie ingressou na Universidade de Sorbonne em 1891, a França vivia um período que ficou conhecido como Belle Époque. Esse momento começou em 1871, com o fim da Guerra Franco-Prussiana, e foi marcado por um notável espírito de prosperidade.

À época, Paris se destacou como um epicentro do progresso e do talento, mostrando ser mais do que o coração da moda e das artes. Ela também se firmava como um centro de avanços científicos revolucionários. A eletricidade, por exemplo, começou a iluminar as ruas de Paris, rendendo-lhe o apelido de "Cidade-Luz". A inauguração da Torre Eiffel, em 1889, inicialmente controversa, tornou-se um símbolo duradouro da inovação e do espírito progressista da época.

A Belle Époque viu surgir figuras notáveis em todos os campos: escritores como Émile Zola e Proust, pintores como Monet e Degas, e músicos como Claude Debussy e Erik Satie. Nas ciências não foi diferente. Durante esse período, Marie Curie fez suas descobertas mais significativas, junto a outros cientistas como Henri Becquerel.

Em uma época em que a comunicação e o transporte estavam em rápida expansão, Paris se tornava um centro de intercâmbio internacional de conhecimento, atraindo e nutrindo talentos do mundo todo.

Diante desse cenário, surgiram grandes descobertas no mundo da física. A partir de Becquerel, emergiu a Física Nuclear como um campo de estudo separado, explorando as propriedades dos núcleos atômicos e as reações nucleares. Já em 1895 aconteceu a descoberta dos raios X. Enquanto Röntgen estudava válvulas de raios catódicos, observou fenômenos luminosos além da válvula, que revelaram objetos através de chapas fotográficas. Essa descoberta rendeu a ele o primeiro Prêmio Nobel de Física, em 1901.

Marie Curie e seu marido, Pierre, foram fundamentais para esse campo, descobrindo novos elementos radioativos e desenvolvendo técnicas para isolar isótopos radioativos. Ela foi a responsável por demonstrar que a propriedade da radioatividade pertencia aos átomos, contribuindo para a compreensão da estrutura interna deles.

Os avanços na ciência

A partir desse ponto, a história da ciência dá um salto grande e rápido. Em 1897, J.J. Thomson descobriu o elétron através de experimentos com raios catódicos. Ele propôs o modelo do "pudim de ameixas", onde os elétrons de carga negativa estavam dispersos em uma massa positiva, como ameixas em um pudim. Este modelo foi o primeiro a sugerir que os átomos não eram indivisíveis.

Na primeira metade do século XX, entre 1908 e 1913, Ernest Rutherford se dedicou a um estudo que teve como ponto de virada uma descoberta realizada ao bombardear uma fina folha de ouro e observar que algumas partículas eram desviadas. Este resultado inesperado o levou a propor um modelo onde o átomo possui um pequeno núcleo denso e carregado positivamente, com elétrons orbitando, semelhante a um sistema solar, que seria chamado modelo nuclear do átomo.

O modelo de Rutherford, por sua vez, foi refinado por Niels Bohr em 1913, que incorporou princípios da Mecânica Quântica. Ele sugeriu que os elétrons orbitavam o núcleo em níveis de energia quantizados, sem emitir radiação, podendo ganhar ou perder energia ao saltar entre esses níveis, emitindo ou absorvendo fótons.

Na década de 1920, o modelo mecânico-quântico do átomo foi atualizado pelos especialistas Erwin Schrödinger e Werner Heisenberg. Schrödinger introduziu a equação de onda para descrever a probabilidade de encontrar um elétron em uma região, tratando os elétrons como ondas e não como partículas. Heisenberg formulou, então, o princípio da incerteza em 1927, que trata da impossibilidade de determinar simultaneamente a posição e o momento de um elétron. Os átomos são compostos por um núcleo denso contendo prótons e nêutrons, cercado por uma nuvem de elétrons distribuídos em orbitais definidos pelas equações de Schrödinger.

Hoje, a teoria atômica é uma das bases fundamentais da ciência, formando o núcleo da Física, Química e Biologia, além de ter aplicações em diversas áreas como medicina, energia e tecnologia em geral. Durante o tempo de vida de Marie Curie, o conceito do átomo evoluiu de uma abstração de filósofos do mundo antigo para um conjunto sofisticado de postulações e estudos sobre a base do tecido do universo.

O fato de conseguirmos entender, ainda que com limitações, seu funcionamento é completamente fantástico. Essa evolução do modelo atômico é uma história épica das contribuições de diversas mentes brilhantes ao longo dos séculos.

A Revolução Industrial

Marie Curie foi um dos expoentes da Segunda Revolução Industrial, assim como precursora da Revolução Tecnicocientífica, ambas ocorridas entre a segunda metade do século XIX e as primeiras décadas do século XX, período marcado por profundas transformações tecnológicas e industriais.

Modernização na produção de roupas, meios de transporte, inovações científicas aplicadas na medicina: a sociedade era inundada com as invenções que surgiam uma atrás da outra. Além das novidades, tudo aquilo que antes era feito à mão, passou a ser também produzido em massa, alcançando escalas industriais e possibilitando que um número muito maior de indivíduos passasse a ter acesso a diversos produtos.

Apesar dos inegáveis avanços à sociedade, a Revolução Industrial trouxe um ônus: novas formas de exploração surgiram, a necessidade de recursos aumentou drasticamente, os mercados passaram a ficar significativamente mais competitivos e a poluição passou a ser um problema.

A Revolução Industrial é compreendida em 3 fases principais. A Primeira Revolução Industrial aconteceu a partir do século XVIII, entre 1760 e 1850, na Europa Ocidental, e inaugurou uma nova relação entre a sociedade e o meio, possibilitando a existência de novas formas de produção que transformaram o setor industrial, dando início a um novo padrão de consumo.

Essa fase é marcada especialmente pela substituição da energia produzida pelo homem por energias como a vapor, eólica e hidráulica; a substituição da produção artesanal (manufatura) pela indústria e pela existência de novas relações de trabalho.

A Segunda Revolução Industrial aconteceu entre a segunda metade do século XIX até meados do século XX, quando a industrialização avançou os limites geográficos da Europa Ocidental, espalhando-se por países como Estados Unidos, Japão e demais países da Europa.

O mundo pôde vivenciar diversas novas criações que aumentaram ainda mais a produtividade e consequentemente aumentaram os lucros das indústrias. Houve nesse período, também, grande incentivo às pesquisas. Instituições e universidades criaram programas e laboratórios especializados, impulsionando grandes descobertas científicas, especialmente no campo da medicina, no qual Marie teve especial atuação.

A Terceira Revolução Industrial, conhecida como Revolução Tecnocientífica, iniciou-se na metade do século XX, após a Segunda Guerra Mundial.

Essa fase ficou marcada pela introdução da robótica, avanços nas áreas da genética, telecomunicação, eletrônica e transporte. Os avanços deste período transformaram não só a produção, como também as relações sociais, o modo de vida da sociedade e o espaço geográfico. Tudo convergiu para a diminuição do tempo e o encurtamento das distâncias, ligando pessoas, lugares, transmitindo informações instantaneamente, superando, então, os desafios e os obstáculos que permeiam a localização geográfica, as diferenças culturais, físicas e sociais. Era o embrião de uma nova era.

A Polônia

Não foi à toa que Marie Curie batizou o primeiro elemento químico descoberto por ela de "polônio".

A Polônia é muito mais que o local em que Marie nasceu. O país teve um papel crucial em sua vida, influenciando não apenas sua formação acadêmica e científica, mas também seus valores e convicções pessoais.

A opressão russa, que proibia o ensino da História da Polônia e outras disciplinas, apenas intensificou o compromisso da família Skłodowska com a educação e a preservação da identidade cultural e intelectual polonesa.

A história da Polônia é marcada por invasões e separações que moldaram a identidade nacional e a resistência cultural do país. No final do século XVIII, a Polônia sofreu três partições (1772, 1793 e 1795) realizadas pela Rússia, Prússia e Áustria, que resultaram na completa dissolução do Estado polonês.

A perda de soberania foi um golpe profundo para o orgulho e a autonomia polonesa, mas também um catalisador para movimentos de resistência e esforços de independência que continuariam por mais de um século.

No início do século XIX, durante as guerras napoleônicas, a Polônia viu uma esperança de recuperação com a criação do Ducado de Varsóvia em 1807, uma entidade semiautônoma sob a proteção de Napoleão Bonaparte.

No entanto, Napoleão foi derrotado em 1815, na Batalha de Waterloo, na atual Bélgica. Após o episódio, o Congresso de Viena — uma conferência realizada entre 1814 e 1815 e composta por representantes dos países europeus — restabeleceu a divisão da Polônia, dessa vez criando o Reino da Polônia, também conhecido como Congresso da Polônia, que era nominalmente autônomo, mas, na prática, controlado pela Rússia.

A luta pela independência polonesa se manifestou em vários levantes ao longo do século XIX. O Levante de Novembro de 1830 e o Levante de Janeiro de 1863 foram revoltas significativas contra o domínio russo, embora ambos tenham sido brutalmente reprimidos. Os levantes não só destacaram a determinação dos poloneses em recuperar sua independência, mas também tiveram um impacto duradouro na política e na cultura polonesa, alimentando um espírito de resistência e nacionalismo.

E esse espírito de luta para manter a cultura e a história polonesa foram cruciais nos anos formativos de Marie Curie, pois seu pai era um nacionalista que ensinava polonês e História da Polônia clandestinamente.

A descoberta dos átomos

A evolução do conhecimento é uma experiência coletiva, um trabalho de colaboração constante através do tempo. Analogamente, é como um revezamento de longa distância, no qual cada participante cumpre um pedaço da jornada e passa o bastão para que o próximo possa desenvolver mais alguns metros e chegar até a final. Isso vale para todos os tipos de conhecimento, evidentemente, mas, no caso do avanço científico, é ainda mais óbvio. Basta examinar um conceito como o do "átomo" para identificar esse fenômeno: de partícula indivisível para a base da teoria atômica moderna foram mais de dois mil anos de história.

Os primeiros a proporem a ideia de que a matéria é composta por pequenas partículas indivisíveis que se movem no vazio foram os filósofos gregos Leucipo e seu discípulo Demócrito, por volta do século 400 a.C. Eles batizaram essas partículas de "átomo" ("a" significa "não" e "tomo" significa "divisão").

A teoria foi desenvolvida para rebater o filósofo Zenão de Eleia, defensor da teoria de que a matéria era contínua e podia ser infinitamente dividida. Segundo Leucipo e Demócrito, o mundo era composto por matéria e vazio, sendo o átomo a menor parte da matéria, indivisível e em movimento dentro do vácuo. Todas as coisas no universo eram, então, combinações de diferentes tipos de átomos, variando em forma, tamanho e densidade.

Essa concepção foi uma das muitas tentativas de explicar o mundo no contexto da Grécia antiga, mas não foi essa a visão que se tornou predominante. Assim como Heráclito e sua abordagem dialética, Leucipo e Demócrito foram ofuscados por outras escolas do pensamento.

Neste caso, a hipótese preferida e mais famosa foi a de Aristóteles, que advogava em favor da teoria dos quatro elementos (Água, Terra, Fogo e Ar). Outra famosa ideia amplamente difundida é a de um modelo geocêntrico do cosmos, que coloca a Terra no centro do universo com os astros orbitando-a em esferas concêntricas dentro de uma abóbada celeste.

Embora engenhosas, as ideias de Aristóteles se provaram incorretas ao longo da história, mas forneceram a base para grande parte do pensamento e da produção de conhecimento naquela região.

Na Europa medieval, essa visão de mundo seria influenciada também pelo cristianismo, mas manteria afinidades significativas com as ideias preservadas pelos árabes, que haviam mantido viva a herança greco-romana após a queda do Império Romano Ocidental.

Foram eles os responsáveis por reintroduzi-la no Ocidente. Já que, durante a Idade Média, o pensamento científico enfrentou desafios significativos e pouco se desenvolveu na Europa. Em contrapartida, ocorreu a chamada Era de Ouro da cultura árabe no Oriente, também conhecida como a Idade de Ouro Islâmica, entre os séculos VIII e XIII.

Durante esse período, o mundo árabe e muçulmano experimentou um florescimento significativo nas artes, ciências, filosofia e literatura, a partir de adaptações do pensamento aristotélico, quando muitas substâncias novas foram descobertas e introduzidas na prática da alquimia e da química. Por exemplo, o alquimista árabe Jabir Ibn Hayyan adotou uma filosofia das interações entre as forças cósmicas, buscando a transmutação de metais em ouro, enquanto também aceitava a doutrina aristotélica dos elementos e suas qualidades (quente, frio, seco e úmido).

O próximo momento seria de absoluta ruptura. A Europa viveria uma drástica transição do final da

Idade Média para a Idade Moderna. Esse período ficou conhecido como Renascimento, ou Renascença, e é frequentemente aludido como Era da Luz, já que é visto como um ressurgimento da intelectualidade, racionalidade e desenvolvimento da ciência após séculos de escuridão.

A Era da Luz

Ao final do processo, o pensamento religioso predominante na sociedade medieval seria, ao menos em parte, substituído pelo pensamento científico. Contudo, se traduz em engano pensar que a alusão àquele período e à escuridão se deu apenas pelo paradoxo que se impunha entre ciência e religião.

Na realidade, a Idade Média seria marcada pelo maior surto de Peste Negra, naturalmente criando a alusão à escuridão. O Renascimento surge também como uma resposta a esse evento trágico que começou na Itália e se espalhou por toda a Europa, deixando um rastro de morte e transformação social.

A Itália, embora não fosse um estado unificado, foi o epicentro do Renascimento devido à sua rica herança romana e às influências culturais clássicas que ali se preservaram. O Renascimento representou um retorno aos valores clássicos greco-romanos, construído sobre as ruínas e vestígios da Roma antiga, oferecendo um alicerce para novas aspirações e ideais.

No século XIV, em meio a intensas mudanças sociais, incluindo o aumento populacional, crises econômicas, fortalecimento das monarquias e o declínio das estruturas feudais, invenções como a imprensa de Gutenberg, óculos, garfo, anestesia, bússola e moinhos de água e vento pavimentaram o caminho para a Revolução Científica que muitos consideram ter sido iniciada pelo polonês Nicolau Copérnico, que desafiou o modelo geocêntrico aristotélico ao propor um sistema heliocêntrico do universo.

Esse rompimento com a visão de mundo estabelecida foi sacramentado posteriormente por Galileu Galilei e Johannes Kepler, que com suas observações telescópicas e o desenvolvimento da lei dos movimentos planetários, corroboraram a tese de Copérnico.

A Revolução Científica

A Revolução Científica estava se consolidando e transformaria todos os campos do conhecimento, redesenhando as técnicas de investigação científica, os objetivos dos cientistas e o papel da ciência na filosofia e na sociedade. Foi durante esse período, entre os séculos XVI e XVIII, que foi desenvolvido o Método Científico, com a valorização da prática de experimentação e desenvolvimento de hipóteses, que tiveram como referências Francis Bacon e Renè Descartes, os avanços nos estudos astronômicos e os avanços na Física e na Matemática, com elaboração de leis como a da gravidade, por Isaac Newton.

A partir da Revolução Industrial se impulsionou ainda mais o desenvolvimento científico, dessa vez, alimentado, em grande medida, pelo capitalismo. Ao criar demandas por métodos de produção mais eficientes e lucrativos, embora muitas vezes desumanos, a ciência passa a ter aplicação cada vez mais industrial e com objetivos comerciais. Nesse período, houve avanços como o primeiro termômetro de mercúrio, o desenvolvimento da indústria têxtil com a máquina a vapor, as locomotivas e o telégrafo, marcando o início da chamada "Era das Maravilhas".

E foi apenas aqui que as ideias de Leucipo e Demócrito foram retomadas e passaram a ser discutidas em profundidade. A atomística estava de volta.

John Dalton propôs a primeira Teoria Científica Atômica, em 1803, baseada em experimentos e observações quantitativas. Sua teoria postulava que a matéria era composta por átomos indivisíveis, que todos os átomos de um elemento eram idênticos em massa e propriedades, que os compostos eram formados por combinações de átomos de diferentes elementos em proporções definidas e que as reações químicas envolviam a reorganização dos átomos, sem criação ou destruição deles no processo.

Esta teoria atômica foi revolucionária e inspirou uma quantidade incrível de investigação e experimentação no campo da Química e da Física.

A Tabela Periódica

A teoria atômica forneceu, portanto, uma base para entender a estrutura e o comportamento dos elementos e, com essa descoberta, surgiu a necessidade de organizá-los e sistematizá-los.

Assim, no início do século XIX, em 1817, Johann Wolfgang Döbereiner apresentou a "Lei das Tríades" agrupando elementos em trios baseados em suas propriedades químicas, observando que a massa atômica do elemento do meio era aproximadamente a média dos outros dois. Esta foi uma das primeiras tentativas de agrupar os elementos de forma sistemática, que deu origem a uma primeira versão do que conhecemos hoje como tabela periódica.

A tabela é uma das ferramentas mais importantes da ciência e foi desenvolvida ao longo de muitos anos por diversos cientistas. Desde os primeiros esforços de Antoine Lavoisier até as descobertas de Marie Curie, a tabela se desenvolveu como uma espécie de espelho da ciência de seu tempo.

Em 1862, Alexandre-Émile Béguyer de Chancourtois criou uma classificação tridimensional dos elementos, conhecida como parafuso telúrico: ele dispôs os elementos em um modelo hélice em ordem crescente de massa atômica. Embora ele tenha notado propriedades periódicas em seu agrupamento, a complexidade do modelo tridimensional e a linguagem técnica dificultaram a aceitação de suas ideias, pois tratava-se de algo excessivamente intrincado. O grande desafio era organizar os elementos de forma simples.

Essa dificuldade surgiu também na tentativa de John Newlands, feita em 1863, quando propôs a "Lei das Oitavas", organizando os elementos de propriedades semelhantes em onze grupos, observando que essas propriedades se repetiam após oito elementos. O nome era uma alusão às oitavas musicais. Inicialmente, seu trabalho foi considerado confuso, mas posteriormente foi reconhecido e premiado.

Poucos avanços em direção a uma tabela internacional pareciam estar acontecendo. Entretanto, logo isso mudaria. Durante o Congresso de Karlsruhe, em 1860, em um encontro crucial de químicos, buscou-se padronizar conceitos químicos, como as diferenças entre átomo e molécula. Neste evento, Stanislao Cannizzaro apresentou um novo sistema de massas atômicas, que não cumpria as exigências necessárias, mas acabou influenciando profundamente dois participantes: Dmitri Mendeleev e Julius Lothar Meyer.

Em 1869, o químico russo Dmitri Mendeleev publicou sua Tabela Periódica, organizada em ordem crescente de massa atômica e agrupando elementos de propriedades semelhantes de modo similar a cartas no jogo de paciência.

O diferencial de Mendeleev foi a previsão da existência de elementos ainda não descobertos, deixando espaços vazios na tabela e prevendo suas propriedades, uma ideia simples, mas essencial para seus propósitos, uma vez que ainda havia muitos elementos por descobrir.

Esse sistema de previsões se mostrou preciso com a descoberta do germânio, que Mendeleev havia chamado de eka-silício. Quase simultaneamente, Julius Lothar Meyer desenvolveu uma tabela muito parecida, mas foi a versão de Mendeleev que ganhou destaque devido à sua capacidade preditiva. A Real Sociedade de Londres reconheceu a importância do trabalho de ambos, concedendo-lhes a Medalha Davy em 1892.

As revisões na Tabela Periódica

Em 1898, Marie Curie, junto com seu marido Pierre Curie, descobriu os elementos polônio e rádio. A descoberta desses elementos não só expandiu a tabela periódica, mas também abriu novas fronteiras no estudo da radioatividade. O polônio, assim como o rádio, era notável por sua intensa radioatividade.

Em 1913, o físico inglês Henry Moseley rearranjou a tabela com base nos números atômicos dos elementos, em vez de suas massas atômicas, afirmando que as propriedades físicas e químicas dos elementos são funções periódicas de seus números atômicos. Isso eliminou várias inconsistências da tabela de Mendeleev, consolidando a Tabela Periódica no formato que conhecemos hoje.

No final do século XIX, William Ramsay descobriu os gases nobres, acrescentando uma nova coluna à tabela. Alfred Werner, ao incluir o bloco D na tabela, deu-lhe uma forma mais próxima da atual.

Durante a década de 1950, os trabalhos de Glenn T. Seaborg resultaram na descoberta dos elementos transurânicos (aqueles com número atômico maior que 92), reconfigurando a tabela para incluir os lantanídeos e actinídeos. O último elemento adicionado foi o oganessônio, número atômico 118, junto com o tenesso, moscóvio e nihônio.

A Tabela Periódica segue em constante evolução e, quando novos elementos são descobertos e adicionados, é responsabilidade da União Internacional de Química Pura e Aplicada (IUPAC, em inglês, International Union of Pure and Applied Chemistry) mantê-la atualizada.

Em 2019, a ONU declarou o Ano Internacional da Tabela Periódica, celebrando os 150 anos de sua criação e destacando sua importância contínua na ciência e na educação. Assim como as descobertas de Marie Curie enriqueceram nosso entendimento da radioatividade, a tabela continua a ser uma ferramenta essencial e relevante para a ciência moderna.

"

3

LEGADO

> "É o meu desejo mais sério que alguns de vocês continuem a fazer o trabalho científico e mantenham a ambição e a determinação de fazer uma contribuição permanente para a ciência."
>
> **Marie Curie**

Marie era uma cientista que entendia a importância de deixar um legado para a coletividade humana. Por essa razão, diferente da maioria dos cientistas do seu tempo, que acumularam grandes fortunas com patentes, ela divulgou e disponibilizou praticamente todas as descobertas dela e do marido.

Coleção Saberes

Ao longo de toda a sua vida, mesmo durante a juventude, contava com um senso ético inquestionável, educando pessoas, muitas vezes de graça, atuando politicamente, mesmo quando isso a colocava em risco, estudando e trabalhando como poucos.

Marie, que havia sido educada por seus pais em um ambiente de amor às ciências, criou suas filhas com a mesma dedicação que aprendeu no próprio lar. Como consequência, suas filhas também produziram conhecimento: uma para o campo das ciências humanas e outra para as exatas.

Para conseguirmos fazer justiça à memória de Marie Curie, é necessário contemplar três de seus legados: como cientista, como mulher e também como cidadã.

Como cientista, Marie Curie ostenta em seu currículo a descoberta de dois novos elementos para a tabela periódica, a radioatividade como um novo campo de investigação, o desenvolvimento de diversas tecnologias de uso e aplicação de suas descobertas para a Medicina.

Fundou os Institutos do Rádio, internacionalizando o estudo desse material e criando um espaço dedicado ao desenvolvimento de pesquisas e profissionais da área. Em 1920, criou o Instituto Curie, uma fundação sem fins lucrativos e que atualmente é líder em pesquisas oncológicas.

Lecionou essencialmente sua vida inteira, inclusive para as suas filhas, mas também para camponeses, crianças e outros cientistas, muitos dos quais seriam de imensa importância no avanço da ciência e de novas descobertas. Não é possível descrever de forma completa a profundidade e a extensão das suas contribuições, tamanha sua importância.

Ela rompeu as barreiras do machismo estrutural e foi a primeira mulher a ocupar lugares antes reservados apenas aos homens e seus privilégios. Logo na juventude foi proibida de avançar nos estudos devido a uma lei que restringia o acesso de mulheres às universidades de seu país. Para estudar, precisou trabalhar muito e mudar para outro país. Na Sorbonne, onde obteve sua formação acadêmica, seria também a primeira mulher a lecionar.

Além disso, foi a primeira a ser laureada com um Prêmio Nobel e, ao ganhar sua segunda premiação, se tornaria a única pessoa laureada em duas categorias distintas (Física e Química).

Sua filha Irène seria a sétima mulher a ganhar o Nobel.

Marie foi uma líder e benfeitora, além de heroína de guerra. O espaço que ela criou para mulheres, em especial mulheres cientistas, às custas de muito esforço e abnegação, deve ser celebrado e reconhecido.

Quando colocamos um ser humano no lugar de exemplo, é comum o processo de idealização e do perigoso discurso motivacional. Contudo, Marie foi, sim, exemplo no papel de cidadã do mundo e isso precisa constar em seu legado.

Os exemplos que ela deixou estão dentro de um contexto maior e estão vinculados a uma visão um tanto subjetiva do mundo. Sua ética com relação às próprias descobertas e crenças a respeito de como fazer e o que fazer com o conhecimento científico para que suas descobertas rodassem o mundo e fossem acessadas democraticamente por todos, o amor ao conhecimento e seus posicionamentos políticos ao longo da vida fazem de Marie, sim, uma figura inspiradora para além do campo científico.

Durante toda a sua vida, se mobilizou para ajudar os outros a partir da educação. Mesmo no período de guerra, usou as suas criações para curar, no lugar de ferir. Por tudo isso, Marie Curie ultrapassa o discurso e é um exemplo em suas ações.

Se o maior legado que ela deixou está na esfera objetiva e material de seus avanços na ciência, no espaço que abriu para outras mulheres nesse campo ou se reside no exemplo que deu em vida, atuando com ética, coragem e dedicação à educação, é difícil responder. Mas, sem dúvida, assinalou seu nome como uma das mulheres mais relevantes da história da humanidade.

Bibliografia

ARARIPE, Luiz de Alencar. Primeira Guerra Mundial. In: MAGNOLI, Demétrio (org.). História das Guerras. São Paulo: Contexto, 2006.

ARON, Raymond. Paz e Guerra entre as Nações. Brasília: UNB/IPRI, 2002.

BIRCH, Beverly. Personagens que Mudaram o Mundo, os Grandes Cientistas: Marie Curie, a Cientista Polonesa que Descobriu o Rádio e suas Propriedades de Combater o Câncer.

CERVO, Amado Luiz. Hegemonia Coletiva e Equilíbrio: A Construção do Mundo Liberal (1815-1871). In: SARAIVA, José Flavio Sombra. História das Relações Internacionais Contemporâneas: Da Sociedade Internacional do Século XIX à Era da Globalização. São Paulo: Saraiva, 2007.

ESPÍRITO SANTO, Brunilde Mendes do. Marie Curie, Coragem, Determinação, Persistência.

EVANS, Martin Marix. História da Primeira Guerra Mundial: Vitória na Frente Ocidental**. São Paulo: M. Books do Brasil Editora, 2014.

HOWARD, Michael Eliot. A Primeira Guerra Mundial. Porto Alegre: L&PM, 2011.

MELZER, Ehrick Eduardo Martins; AIRES, Joanez Aparecida. A História do Desenvolvimento da Teoria Atômica: Um Percurso de Dalton a Bohr / The History of Development the Atom Theory: The Course of Dalton until Bohr.

TUCHMAN, Barbara. Canhões de Agosto. Rio de Janeiro: Biblioteca do Exército, 1998.

WILLMOTT, H. P. Primeira Guerra Mundial. Rio de Janeiro: Nova Fronteira, 2008.

Vídeos:

BBC NEWS BRASIL. Como Marie Curie descobriu a radioatividade e mudou o mundo para sempre. Disponível em: https://www.youtube.com/watch?v=ghSKCW-nNx4. Acesso em: 29 out. 2024.

BUDDING SCIENTIST. How madam Marie Curie and Pierre Curie discovered radioactivity?||ANIMATION||RADIOACTIVITY. Disponível em: https://www.youtube.com/watch?v=-

w7RoFj3q4_U. Acesso em: 29 out. 2024.

Marie Curie and Spooky Rays: Crash Course History of Science #31. 17 dez. 2018. Disponível em: https://www.youtube.com/watch?v=7qlRjqUMX4E. Acesso em: 29 out. 2024.

TED-ED. The genius of Marie curie - shohini Ghose. Disponível em: https://www.youtube.com/watch?v=w6JFRi0Qm_s. Acesso em: 29 out. 2024.

BIOGRAPHICS. Marie curie: A life of sacrifice and achievement. Disponível em: https://www.youtube.com/watch?v=AF-jGrVVXuvU. Acesso em: 29 out. 2024.

Artigos e Websites:

Alfred Nobel. Disponível em: https://www.sciencehistory.org/education/scientific-biographies/alfred-nobel/. Acesso em: 29 out. 2024.

DUFFIN, J. The Nobel Prize and the secular religion of science. Em: HANSSON, N.; HALLING, T.; FANGERAU, H. (Eds.). **Attributing Excellence in Medicine**. Leida, Netherlands: Brill, 2019. v. 98p. 17–38. Disponível em: https://www.jstor.

org/stable/10.1163/j.ctvrxk478.7. Acesso em: 29 out. 2024.

HANSSON, N.; HALLING, T.; FANGERAU, H. Introduction. Em: HANSSON, N.; HALLING, T.; FANGERAU, H. (Eds.). **Attributing Excellence in Medicine**. Leida, Netherlands: Brill, 2019. v. 98p. 1–14. Disponível em: https://www.jstor.org/stable/10.1163/j.ctvrxk478.6. Acesso em: 29 out. 2024.

HISTORY CHANNEL BRASIL. **O conselho que Albert Einstein deu a Marie Curie quando ela foi atacada pela imprensa**. Disponível em: https://www.canalhistory.com.br/historia-geral/o-conselho-que-albert-einstein-deu-marie-curie-quando-ela-foi-atacada-pela-imprensa. Acesso em: 29 out. 2024.

INSTITUTE OF NATIONAL REMEMBRANCE. **Brief History of Poland**. Disponível em: <https://eng.ipn.gov.pl/en/brief-history-of-poland>. Acesso em: 29 out. 2024.

KÄLLSTRAND, G. The creation of the Nobel System. Em: HANSSON, N.; HALLING, T.; FANGERAU, H. (EDS.). **Attributing Excellence in Medicine**. Leida, Netherlands: Brill, 2019. v. 98p. 39–58. Disponível em: https://www.jstor.org/stable/10.1163/j.ctvrxk478.8. Acesso em: 29 out. 2024.

LIMA, A. L. L. **Atomística**. Disponível em: https://www.manualdaquimica.com/quimica-geral/atomistica.htm. Acesso em: 29 out. 2024.

Marie Curie, invisible light, the Red Cross and WWI. Disponível em: https://www.redcross.org.uk/stories/our-movement/our-history/marie-curie-invisible-light-the-red-cross-and-wwi. Acesso em: 29 out. 2024.

O que é radioatividade? Disponível em: https://www.inb.gov.br/Contato/Perguntas-Frequentes/Pergunta/Conteudo/-o-que--e-radioatividade?Origem=1760. Acesso em: 29 out. 2024.

Pierre Curie. Disponível em: https://www.biography.com/scientists/pierre-curie. Acesso em: 29 out. 2024.

VERÍSSIMO, S. **O casal Curie**. Disponível em: https://super.abril.com.br/historia/o-casal-curie. Acesso em: 29 out. 2024.

VITORIO, T. **17 frases de Marie Curie para entender mais sobre a vida e a ciência**. Disponível em: https://exame.com/ciencia/17-frases-de-marie-curie-para-entender-mais-sobre--a-vida-e-a-ciencia/. Acesso em: 29 out. 2024.

Primeira edição (fevereiro/2025)
Papel de miolo Luxcream 80g
Tipografia Colaborate, Cheddar Gothic Sans e Visby
Gráfica Melting